GIACOMO BRUNO

RENDITE DA AZIENDE

Come Progettare Imprese che Producono Redditi Automatici senza la tua Presenza

Titolo

"RENDITE DA AZIENDE"

Autore

Giacomo Bruno

Editore

Bruno Editore

Sito internet

http://www.brunoeditore.it

Sommario

Introduzione

Sono quasi dieci anni che insegno alle persone, attraverso i miei ebook, come crearsi rendite automatiche, online e offline. Il motivo è molto semplice: se nella società di oggi tutta la tua vita, la tua famiglia, i tuoi successi dipendono da uno stipendio che un datore di lavoro ti concede, allora stai messo male. Non perché sia sbagliato lavorare o avere un posto fisso. Ma perché è sbagliato avere un'unica entrata.

Io stesso lavoro tutti i giorni, come imprenditore ma anche come dipendente della mia stessa azienda. Come amministratore e come autore. Però è una scelta. È un lavoro che faccio per passione e per una ben precisa volontà.

Quindi se il tuo lavoro attuale ti piace, ti consiglio di tenertelo stretto. Allo stesso tempo fai qualcosa per crearti delle entrate automatiche per stare davvero al sicuro dalle "crisi" economiche e poter sostenere anche i momenti più difficili, che nella vita non mancano mai.

Nel settore della formazione ho insegnato come creare rendite con gli ebook, con le affiliazioni, con i progetti online. Ho scritto anche un ebook sulle rendite immobiliari e sugli affitti, parlando della mia esperienza come imprenditore immobiliare.

In questo testo faremo un salto più avanti. Non è più importante quale settore scegli. Né quale sia il prodotto. Ti insegnerò a creare un'azienda stabile, autonoma, indipendente da te e dalla tua presenza, in grado di generare rendite automatiche.

Molti pensano che il mio prodotto siano gli ebook. In realtà sono un imprenditore che ha un'azienda nel settore dell'editoria. E mandarla avanti non ha nulla a che fare con gli ebook.

Sì, ne leggo tanti e ne scrivo tanti. Per hobby e passione. Ma mandare avanti un'azienda e automatizzarla è una questione di leadership, di team, di brand. Una serie di elementi che sono comuni a tutte le aziende.

Se poi nel sistema-azienda ci mettiamo libri, computer, prosciutti o immobili è la stessa identica cosa.

Per questo la parte difficile è progettare bene un'azienda sin dall'inizio. Adesso ti spiegherò tutto passo passo.

Buona lettura.

Giacomo Bruno

CAPITOLO 1:

Tu: da Tecnico a Imprenditore

Come nasce un'azienda? Secondo le statistiche solo il 5% delle imprese viene progettato da un imprenditore, mentre il 95% viene creato da zero da singoli "tecnici" bravi nel loro settore ma che non sanno nulla di imprenditoria.

Ti faccio un esempio: il pizzaiolo del ristorante che fa delle pizze buonissime e apprezzatissime. Vede che la pizzeria per cui lavora ha un enorme successo grazie alle sue pizze. È consapevole di essere bravo e di essere parte di quel successo. Peccato che prenda 800 euro al mese per svolgere questo lavoro.

A un certo punto decide di mettersi in proprio. L'Italia è piena di persone che vogliono mettersi in proprio, pensando che sia facile e redditizio. E questo è il guaio, il motivo principale per cui il 90% delle aziende fallisce entro 5 anni, e un ulteriore 90% del 10% di sopravvissute fallisce nel giro dei successivi 5 anni. Quindi, entro 10 anni, il 99% delle aziende non esiste più.

Qual è il problema? Che il nostro pizzaiolo è sì tanto bravo a fare pizze, ma non sa nulla di come mettere in piedi una pizzeria. Non sa nulla di gestione del personale. Non sa nulla di marketing né di come portare le persone ad andare a mangiare nel suo locale.

Così si ritrova con una pizzeria vuota, un mare di debiti e una famiglia in rovina. Entro 10 anni questo sarà il suo destino.

SEGRETO n. 1: il 99% delle aziende chiude entro 10 anni

perché create da "tecnici" bravi nel loro mestiere ma privi di capacità imprenditoriali.

Poi ci sono quelli che nascono Imprenditori. Ma purtroppo questo riguarda solo l'1% della popolazione.

C'è tuttavia un'altra strada. Ed è quella di *diventare* imprenditore. Di capire i meccanismi che regolano le leggi del mercato e la progettazione di aziende, di apprendere la capacità di staccarsi dall'azienda per renderla indipendente.

Io parlo da imprenditore. E non ci sono nato. Lo sono diventato negli anni, con le esperienze, con gli errori e le bastonate. E con la formazione, i libri, i corsi, i mentori. E con l'esempio dei migliori imprenditori italiani che ho conosciuto in questi anni.

Facciamo un passo indietro. A 20 anni, mentre preparavo un

esame per Ingegneria, mi sono dovuto comprare il mio primo computer. Era il 1997. Ho iniziato a navigare su internet ma non mi accontentavo di raccogliere informazioni. Volevo avere un ruolo attivo in questo mondo magico. Ho iniziato a creare siti web su qualsiasi argomento: musica, videogiochi, cellulari. Alcuni morirono poco dopo, altri sbocciarono letteralmente.

Ero bravo, per qualcuno ero il "genietto del computer", e così ho creato la mia prima società. Su internet è più facile: non hai dipendenti, la gestione è molto semplice, e puoi automatizzare molte procedure.

Il risultato è che a 25 anni avevo un'entrata automatica da 50.000 euro al mese! Il sito di cellulari aveva milioni di pagine visitate al mese e grosse aziende di servizi telefonici e suonerie investivano centinaia di migliaia di euro all'anno per inserire i loro banner pubblicitari sul mio sito. Fantastico.

Il mio lavoro era stato progettato con intelligenza e completamente automatizzato: meno di un'ora al giorno per pubblicare le ultime news e inserire le schede dei nuovi cellulari in uscita. Le recensioni dei telefonini erano inviate direttamente dagli utenti, io dovevo solo approvarle. In pratica avevo inventato il web 2.0 senza saperlo, molti anni prima dell'avvento dei blog, di YouTube e dei social network.

Tutti noi sappiamo che oggi i banner pubblicitari hanno una resa vicina allo zero e le cifre investite in questo strumento sono drasticamente crollate. Oggi funzionano gli annunci testuali su Facebook, su Google e sugli altri motori di ricerca. Ma non è solo questo che ha buttato giù la mia redditizia impresa.

Il fatto è che non ho osato fare il grande passo. Nonostante gli stupefacenti risultati, sono rimasto il bravo pizzaiolo, un semplice tecnico, non un imprenditore.

Cosa avrei dovuto fare per stare al passo con i tempi, con i concorrenti, con il mercato? Avrei dovuto mettere su un'impresa di persone che, inizialmente guidate da me, avrebbero dovuto gestire i contenuti del sito, arricchendolo sempre di più e rendendolo non copiabile. Avremmo dovuto lavorare sul marketing, sulla newsletter, sui motori di ricerca.

SEGRETO n. 2: il bravo imprenditore non è tenuto a saper fare tutto, anzi la sua qualità più grande è sapersi circondare di persone che ne sanno più di lui e possono svolgere al meglio un determinato lavoro.

Se fossi stato un imprenditore, invece che un semplice tecnico, avrei dovuto investire quelle prime rendite nel trovare il miglior esperto di web marketing, il miglior esperto di SEO e dei bravi copywriter per gestire i contenuti del sito.

Mi sarebbe costato? Sì, ma mi avrebbe permesso non solo di rimanere in piedi ma anche di crescere ancora e magari triplicare i guadagni.

Non sto dicendo che è facile, tutt'altro: è molto impegnativo. E infatti la volta successiva ho fatto di nuovo lo stesso errore, perché non avevo ancora intuito le differenze tra imprenditore e tecnico.

Così, dopo anni di studi appassionati sulla formazione, ho messo su il sito di autostima.net, in cui volevo condividere le lezioni che avevo imparato dai grandi maestri americani. Non aveva alcuna finalità di business, quindi ancora una volta era un'azienda non progettata. Era semplicemente la mia passione, il mio hobby, e il settore mi piaceva molto.

Volevo condividere tutto quello che imparavo. Bastava registrarsi sul sito per accedere a intere guide gratuite e ai primi ebook. Non avevo particolari obiettivi, il sito era lì, senza troppe pretese e senza i tanti visitatori a cui ero abituato in altri settori. Certo non potevo pretendere che la formazione potesse attirare lo stesso numero di persone dei telefoni cellulari, dei videogiochi o della musica. Però mi piaceva e ci credevo.

Il sito è diventato un'impresa nel momento in cui ho iniziato a fare lezioni in aula. Tenevo corsi di formazione sulla comunicazione, sulla PNL e sulla seduzione. Infatti il mio primo libro, *Seduzione*, era diventato un caso editoriale e aveva venduto migliaia di copie, quindi automaticamente mi trovavo decine di richieste e le aule piene.

In questo caso la società era mia e di Viviana Grunert, oggi direttore generale. In due era meglio che da solo, ma ancora non si poteva parlare di vera e propria struttura. Insieme creammo una *visione* più ampia e decidemmo di assumere la prima persona, una segretaria che gestisse le spedizioni del mio libro e le iscrizioni ai corsi.

Questo è stato un passo enorme, e non solo da un punto di vista psicologico; si trattava infatti di dover accettare di delegare qualcosa a qualcuno, ma soprattutto di gestire le enormi implicazioni di quell'assunzione. Avevamo bisogno di un ufficio, di un consulente del lavoro, di contratti, di una linea telefonica dedicata, computer, stampanti e così via.

Da lì non ci siamo più fermati. Oggi nella Bruno Editore siamo oltre 30 persone, tra collaboratori interni ed esterni. E io ho passato gli ultimi 3 anni non più sul prodotto, gli ebook, bensì sul **sistema-azienda**: il brand dell'azienda, la selezione e gestione del personale, gli obiettivi e la mission, gli indicatori di performance, il manuale operativo con le procedure. E tanto altro ancora che ho imparato in questi stessi anni.

Come dice Timothy Ferriss nel suo bestseller *4 ore alla settimana. Ricchi e felici lavorando dieci volte meno* (Cairo Editore, Milano 2008), la cui lettura ti consiglio senza alcun dubbio, in molte aziende il proprietario diventa il collo di bottiglia.

SEGRETO n. 3: l'imprenditore non deve lavorare nell'azienda, diventandone il collo di bottiglia, ma sull'azienda, occupandosi del sistema e delle perfomance.

Quando abbiamo assunto le prime 4 ragazze dell'editoriale abbiamo infatti attraversato un momento delicato. Poiché erano alla prima esperienza con gli ebook, qualsiasi dubbio o qualsiasi decisione veniva inoltrato a me. Lo stesso dicasi per le ragazze dell'assistenza clienti: all'inizio non sapevano gestire molti problemi e quindi si rivolgevano continuamente a me.

Il risultato era che in quel momento avevo più email di prima da smaltire. Qualcosa non stava funzionando.

Cosa mancava? Secondo Michael Gerber, autore della collana Emyth (HarperCollins Publishers, New York), mi mancava il **manuale operativo.**

Un vero e proprio manuale con tutte le procedure dell'azienda: come valutare una proposta editoriale, come dare un feedback, quali punti esaminare, come rispondere agli autori, come rispondere agli affiliati, come rispondere ai clienti per quello o quell'altro problema.

Tutto ciò che viene fatto in azienda deve avere una procedura standard, rigorosa e ben dettagliata. Ma soprattutto una procedura "a prova di stupido", come dicono gli americani.

Il segreto è immaginare la tua azienda come se fosse un **franchising**. Immagina di doverla impacchettare e consegnare a un nuovo proprietario. Immagina di poter aprire 100 aziende identiche.

Se tu progetti la tua azienda sin dall'inizio come se fosse un franchising, allora ti rendi conto necessariamente di quali passi devono essere fatti. Se le procedure sono a prova di errore, infatti, vuol dire che devono poter essere eseguite anche da personale di livello non altissimo. Questo significa un risparmio sui costi, maggiore intercambiabilità, facile gestione delle dimissioni e del turnover, formazione più veloce.

Immagina se il sig. McDonald dovesse gestire personalmente tutte le sue migliaia di punti vendita. Non sarebbe forse il collo di bottiglia? Invece quello che ha fatto McDonald è esattamente scrivere un manuale operativo completo che ti spiega, passo dopo passo, come si cuoce un hamburger, quanto tempo devono friggere le patatine e così via. Certamente il livello dei dipendenti di McDonald non è alto, eppure è la catena che funziona meglio al mondo. Grazie alle procedure.

Ed è per questo che il primo passo per aiutarmi nella gestione della mia azienda è stato quello di creare il manuale operativo di ogni singolo processo. E parliamo di centinaia di piccoli task.

Quanto tempo ho impiegato a farlo? Niente, perché non l'ho fatto io. Mi sono affidato a dei consulenti esterni per la stesura iniziale e mi sono fatto aiutare dalle mie collaboratrici, ognuna delle quali ha buttato giù le procedure delle proprie mansioni. Chi meglio di loro che sono a contatto con quei lavori tutti i giorni? Rimpacchettando tutto, è uscito fuori uno splendido lavoro che naturalmente aggiorniamo e ottimizziamo ogni trimestre con nuove procedure o snellimento di quelle vecchie.

Una delle regole che ho imparato è che il manuale deve essere semplice, altrimenti non viene utilizzato. Basti pensare al manuale da 500 pagine delle TV di oggi. Qualcuno lo ha mai letto? Io mai. Pensa invece ai manuali d'uso di Apple: in genere sono 6 pagine con le informazioni più importanti e le funzioni di base per iniziare a utilizzare il dispositivo.

Forse questa è un'idea estrema, ma secondo Steve Jobs è meglio leggere 6 pagine semplici e chiare che non leggere neanche una pagina di un manuale infinito.

SEGRETO n. 4: il manuale operativo delle procedure aziendali è lo strumento più importante per organizzare e gestire un'impresa anche in tua assenza.

Dopo due anni di utilizzo del manuale nella Bruno Editore posso dirti che è uno strumento indispensabile per:

- formare i nuovi collaboratori;

- sostenere le persone in tua assenza;

- dare sicurezza ai collaboratori;

- evitare il 99% degli errori;

- garantire la qualità nel modo di lavorare.

A proposito di qualità, scrivere le procedure è anche uno dei requisiti essenziali di tutte le Certificazioni di Qualità tipo ISO9001 e altre. Proprio perché è un modo di lavorare coerente, preciso e affidabile.

Secondo la mia esperienza, il manuale operativo deve possedere le seguenti caratteristiche. Deve essere:

- esaustivo, quindi tutto ciò che viene svolto in azienda deve avere una procedura; niente deve essere escluso;

- chiaro, ovvero scritto in maniera semplice, in italiano corretto, per punti;

- indicizzato, in quanto un indice chiaro permette di accedere velocemente alla procedura di proprio interesse;

- numerato, quindi ogni singola procedura deve avere i passi sequenziali numerati da seguire per raggiungere il risultato;

- snello, per cui una procedura non deve essere più lunga di una pagina, altrimenti genera confusione e disattenzione. Piuttosto usa un carattere piccolo, ma falla entrare in una pagina, così che se necessario possa essere stampata e appesa sulla bacheca della propria scrivania.

Ecco un esempio di procedura che è presente nel nostro manuale, contenente le linee guida per pubblicare articoli sul nostro blog.

Il concetto principale che voglio che ti sia chiaro è che puoi creare un manuale operativo anche se sei da solo e hai poche procedure. Anche se sai tutto a memoria e hai tutto in testa.

Io sinceramente il problema me lo sono posto sempre. Fino a pochi anni fa avevo in mano un'azienda da milioni di euro ed ero l'unico a saperla gestire e a poterla mandare avanti. Se mi succedeva qualcosa, la mia famiglia non avrebbe saputo cosa farsene.

Oggi l'azienda, anche solo con il manuale operativo, è assolutamente un'entità a sé stante, autonoma e indipendente da me. Per questo ritengo che il manuale operativo sia lo strumento più importante che ci possa essere.

Il mio ottimo team è perfettamente organizzato e, meglio di me, è in grado di gestire tutti questi meccanismi e queste procedure. Se facessi tutto io, non solo non avrei creato un'azienda indipendente da me, ma sarei semplicemente il collo di bottiglia di tutti i processi.

Io, come imprenditore, conosco procedure e flussi, ma non li gestisco. Mi occupo solo di monitorare, settimanalmente, gli indicatori di performance e i risultati raggiunti.

Come gestire un'azienda con una sola riunione a settimana?

Innanzitutto si parte dall'**organigramma** della società. Non importa se a lavorarci sei da solo o con 50 persone. Le funzioni sono sempre le stesse e non sono strettamente legate alla persona. Alcuni ruoli esistono a prescindere dalle dimensioni dell'azienda: il direttore marketing, il direttore finanziario, il direttore di produzione, i responsabili, gli assistenti, l'amministrazione e così via, sono tutti ruoli che devono esserci.

Probabilmente se in questo momento sei ancora il tecnico, invece dell'imprenditore, magari sei tu a ricoprirli tutti. Non è importante, perché se progetti bene la tua impresa, prima o poi questi ruoli si riempiranno di pari passo alla crescita dell'azienda.

Nelle piccole e medie imprese ci sono spesso persone multifunzione che svolgono diversi ruoli. Magari il direttore generale si occupa anche del marketing e delle vendite. E va bene così. La cosa fondamentale è che siano i ruoli a essere chiari e ben definiti.

Ti faccio un esempio tratto dalla nostra realtà: un tempo io e Viviana eravamo semplicemente i proprietari della Bruno Editore e tutti i nostri collaboratori riferivano a entrambi ogni problema.

Già solo questo raddoppiava le email che ricevevamo. Inoltre poteva capitare che io e lei avessimo opinioni differenti e quindi ci si trovava in una fase di stallo. Per di più si creava un problema per il collaboratore, che riceveva risposte differenti alla stessa domanda e non sapeva a chi dare retta.

Dal momento in cui abbiamo definito l'organigramma della società, ognuno di noi ha assunto un ruolo preciso. Io, oltre a essere il Presidente, sono anche il Direttore Marketing. Viviana, oltre a Direttore Generale, ha assunto il ruolo di Direttore Editoriale.

Cosa significa? Che se c'è da prendere una decisione di marketing comando io. Mentre sull'editoriale comanda lei. Punto. Niente più contraddizioni e massimo allineamento.

L'organigramma ha così chiarito i ruoli di ognuno e ha dato chiarezza ai nostri collaboratori, grazie a quella che viene definita "unicità di comando". Ogni persona ha un solo capo a cui rendere conto del proprio lavoro o a cui fare domande. Questa è stata una vera svolta, tanto per noi, quanto per il team.

A sua volta il team è stato scomposto in Responsabili e Assistenti, in modo da creare, anche fra loro, il medesimo schema di unico referente e unicità di comando.

Le assistenti editoriali lavorano per la responsabile editoriale. La responsabile editoriale lavora per il direttore editoriale. Il direttore editoriale si interfaccia con il presidente. Fine di ogni dubbio.

SEGRETO n. 5: l'organigramma aziendale è fondamentale per chiarire i ruoli di ognuno e garantire unicità di comando e relazioni chiare all'interno del team.

L'organigramma non è solo un ottimo strumento per l'organizzazione aziendale e per regolare le dinamiche interne. È anche un prezioso aiuto per monitorare la situazione e le performance dell'azienda, anche una volta a settimana.

Per raggiungere questo obiettivo, io utilizzo i cosiddetti **KPI** (Key Performance Indicator), gli indicatori di performance.

Ad esempio, uno dei nostri KPI più importanti mi dice mensilmente come sta andando il fatturato dell'azienda:

- se Fatturato Mensile < 100.000 euro, allora va male;

- se Fatturato Mensile = 100.000/140.000 euro, allora è ok;

- se Fatturato Mensile > 140.000 euro, allora va bene.

Naturalmente ho fissato KPI giornalieri, settimanali, mensili e annuali che mi indicano come stanno andando le cose.

Avendo un'azienda ecommerce e disponendo di tutti i dati in tempo reale, ho l'opportunità di consultare statistiche e KPI in qualsiasi momento della giornata, da qualsiasi parte del mondo.

Per scelta ho fissato il mercoledì come giorno settimanale per fare una verifica e consultarmi con i miei collaboratori per commentare insieme i dati, lavorare su nuove strategie e monitorare i progetti in corso.

Cosa hanno a che fare i KPI con l'organigramma? Molto semplice, puoi fissare dei KPI su ciascun ruolo. Che performance ti aspetti dal Direttore Marketing? Che risultati ti aspetti dal Responsabile Editoriale? E così via.

Noi, ad esempio, monitoriamo non solo le vendite, il classico dato che la maggior parte degli imprenditori-tecnici ritiene rilevante, ma anche tutti gli altri processi.

Quante proposte di ebook riceviamo al mese? Qual è la media? Siamo sopra o sotto le attese? Quale numero è considerato scarso e quale buono?

Quanti feedback siamo in grado di fornire ai nostri autori? Quanti ebook riusciamo a pubblicare al mese? Qual è il valore atteso di una buona performance per questo dato? Quante copie dovrebbe vendere un ebook al lancio? Quante in un anno? Qual è la media e quale valore ci soddisfa?

Possiamo assegnare dei KPI a ciascun ruolo, se non addirittura a ciascun ebook che pubblichiamo. Puoi assegnare degli obiettivi di performance praticamente a tutto ciò che c'è nella tua azienda.

Per questo è importante rilevare quali sono i processi più importanti nella tua impresa e iniziare a monitorarli. Quelli più evidenti da tenere sott'occhio riguardano naturalmente le vendite. Perché una società che non vende chiude molto presto.

Ma anche le spese sono importanti e spesso il personale è la spesa maggiore di un'azienda. Come fai a gestire il tuo team se tu non ci sei? Come fai se stai creando un'azienda indipendente da te?

Ancora una volta con i KPI. Quanti ebook dovrebbe revisionare ciascuna assistente editoriale? Quanti feedback dovrebbe dare? Quanti articoli dovrebbe inserire nel blog? Quali sono le soglie minime per svolgere quel lavoro?

Una volta mi è capitato di dover licenziare un collaboratore che proprio non era in grado di svolgere il suo lavoro. Durante la riunione settimanale, senza che io ancora avessi detto nulla, è stato lui a presentare le dimissioni perché si era reso conto da solo di non essere in grado di rispettare i requisiti minimi per svolgere quel lavoro. Si sentiva di non essere portato.

I KPI sono un dato "oggettivo" e questo rende più facili tutte le relazioni e le dinamiche all'interno di un team. Quando facevo formazione in aula e in azienda ne ho viste tante di imprese rovinate da una cattiva gestione del team, da rapporti poco chiari, da aspettative mai svelate e quindi sempre deluse.

SEGRETO n. 6: i KPI (Key Performance Indicator) sono uno strumento fondamentale per creare un'azienda indipendente da te e monitorarla in poco tempo anche a distanza.

Questo tipo di relazione basato su organigramma e indicatori di perfomance può allontanare le persone? Ad esempio, le assistenti non dovranno più parlare con il direttore? O ancora peggio, non si rischia di andare in direzioni opposte o perdersi facilmente? No, e adesso ti parlerò di come allineare tutto il team agli stessi valori, alla stessa identità, alla stessa missione, in modo che l'azienda vada avanti da sola anche in tua assenza.

Inizia quindi a pensare subito in grande, come se la tua azienda fosse una multinazionale. Come disegneresti l'organigramma?

Che ruoli ci sarebbero? Quali sono i ruoli più importanti nella tua attività? Cosa ti aspetti da ciascun ruolo? Quali sono le performance minime richieste a ciascun ruolo?

RIEPILOGO DEL CAPITOLO 1:

- SEGRETO n. 1: il 99% delle aziende chiude entro 10 anni perché create da "tecnici" bravi nel loro mestiere ma privi di capacità imprenditoriali.

- SEGRETO n. 2: il bravo imprenditore non è tenuto a saper far tutto, anzi la sua qualità più grande è sapersi circondare di persone che ne sanno più di lui e possono svolgere al meglio un determinato lavoro.

- SEGRETO n. 3: l'imprenditore non deve lavorare nell'azienda, diventandone il collo di bottiglia, ma sull'azienda, occupandosi del sistema e delle perfomance.

- SEGRETO n. 4: il manuale operativo delle procedure aziendali è lo strumento più importante per organizzare e gestire un'impresa anche in tua assenza.

- SEGRETO n. 5: l'organigramma aziendale è fondamentale per

chiarire i ruoli di ognuno e garantire unicità di comando e relazioni chiare all'interno del team.

- SEGRETO n. 6: i KPI (Key Performance Indicator) sono uno strumento fondamentale per creare un'azienda indipendente da te e monitorarla in poco tempo anche a distanza.

CAPITOLO 2:

Il Team: Come Renderlo Autonomo

Il bravo imprenditore deve essere in grado di allineare i componenti del suo team, facendo sì che siano coerenti e congruenti al 100% con gli obiettivi stabiliti, in modo tale che possano lavorare in totale autonomia e in sua completa assenza.

Quindi non solo deve avere la capacità di esplicitare la missione aziendale e di comunicarla al team con cui lavora, ma deve anche essere il primo a dare il buon esempio. Non so quante volte mi è capitato di lavorare come formatore per aziende con missione scritta, chiara e facile da ricordare ma conosciuta solo dai manager, ossia dai vertici aziendali, e non dai dipendenti, quindi

40

non condivisa dal gruppo.

Questo esempio di incoerenza è la cosa peggiore che si possa trasmettere al proprio gruppo, perché non ci si fida particolarmente di chi non vive secondo i propri valori. Immagino tu conosca tante persone incoerenti e certo non sono quelle cui ti affideresti più facilmente, che siano un negoziante, un amico o un parente. Le persone incoerenti non piacciono, non ispirano fiducia, non creano rapport, come si dice in PNL. Per cui, come imprenditore, devi essere il primo a vivere con coerenza i valori dell'azienda.

SEGRETO n. 7: un imprenditore che vuole rendersi indipendente dalla propria impresa deve essere in grado di allineare i componenti del suo team, facendoli sentire coerenti e congruenti al 100% con la missione aziendale.

41

MISSIONE
⇑
IDENTITA'
⇑
VALORI/CONVINZIONI
⇑
CAPACITA'
⇑
COMPORTAMENTI
⇑
AMBIENTE

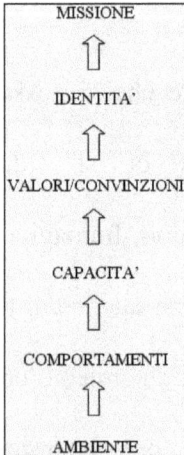

Un ottimo strumento per lavorare sull'allineamento e la coerenza è dato dai **livelli logici** teorizzati da Robert Dilts, uno dei maggiori esponenti della Programmazione Neuro-Linguistica. Grazie al suo modello siamo in grado di analizzare persone, aziende e gruppi su diversi livelli.

Partendo dall'ultimo, l'**ambiente**, potresti chiederti: «In che ambiente lavoriamo? In che ambiente lavora il mio gruppo? È un clima sereno? È un ambiente confortevole e allineato con lo spirito della nostra azienda?».

Un gradino più su, arrivi ai **comportamenti**; in questo caso ti chiederai: «Quali comportamenti vengono adottati? Cosa viene fatto per raggiungere l'obiettivo? I comportamenti rispecchiano i valori aziendali?».

Ancora, risalendo, arrivi alle **capacità**: «Quali capacità hanno i collaboratori? Quali abilità possiedono? Quali capacità hanno le persone con cui lavoro, i componenti del team? I venditori sanno vendere? L'assistenza clienti sa aiutare le persone in difficoltà? È paziente? Queste capacità sono allineate con ciò che l'azienda vuole esprimere?».

Quando i primi anni della mia attività facevo formazione in azienda, magari per fare un corso di vendita, mi veniva chiesto di lavorare a livello di capacità dei venditori, quindi di formare delle abilità, ma io ho sempre chiesto a coloro che mi davano l'incarico se fossero così sicuri che il problema non fosse più facile da risolvere.

Poteva trattarsi semplicemente di una difficoltà ambientale. Magari i venditori dell'azienda lavorano male perché sistemati in un ambiente troppo stretto o senza aria condizionata. Quindi sono a disagio perché, essendo troppo vicini, non riescono a concentrarsi sulla propria telefonata, oppure perché, a causa della temperatura troppo bassa, hanno mal di testa. O peggio ancora, i computer non funzionano a dovere o i database sono poco aggiornati, per cui vengono chiamate due volte le stesse persone e le vendite non vanno a buon fine.

È successo anche a noi finché non siamo passati al sistema operativo Mac. Molti anni fa, quando c'erano dei ritardi sulle lavorazioni, la maggior parte delle volte erano dovuti al fatto che Office per Windows si "impallava" in continuazione, rendendo impossibile lavorare e facendo perdere ore e ore di lavoro a causa del mancato salvataggio e dell'impossibilità di recuperare il file.

Nella mia esperienza, come formatore e come imprenditore, ho visto che spesso molti problemi di gestione del personale sono dovuti semplicemente a cause di ordine ambientale oppure comportamentale. I venditori, magari, sanno vendere, ma non interessa loro farlo. Per questo, raramente prendono il telefono in mano, effettuando dieci contatti al giorno invece di venti. Oppure, effettivamente, è un problema di abilità. Non hanno la capacità di vendere, non hanno mai fatto corsi e in questo caso il corso di formazione è opportuno. Ad ogni modo, è sempre necessario, preventivamente, mettere in atto un'analisi. Non fa perdere tempo: lo fa risparmiare. Magari la situazione si può risolvere acquistando un computer nuovo, aggiornando un programma o creando condizioni climatiche e logistiche più favorevoli.

SEGRETO n. 8: nel caso il team si trovi in difficoltà, è bene non escludere subito eventuali problemi ai livelli base, cioè "ambiente", "comportamenti" e "capacità".

Se il problema però è a livello di **convinzioni e valori** dei dipendenti è davvero grave. Finora, infatti, ci siamo concentrati sui livelli inferiori che riguardano l'ambiente, i comportamenti e le capacità, e quindi contesti per così dire di superficie. I tre livelli superiori, tra cui quello delle convinzioni e dei valori, vanno invece in profondità, al nucleo stesso dell'azienda.

Se ti rendi conto di lavorare in un buon ambiente, con postazioni ben strutturate, aria condizionata regolata con criterio e computer funzionanti, in assenza di altri problemi fai efficacemente il tuo lavoro. Se, viceversa, un buon venditore, pur avendo esperienza ed essendo preparato, non ha fiducia nel prodotto che vende, in qualche modo trasmetterà questa sensazione ai suoi clienti, che se ne accorgeranno e non lo compreranno. Si porrà in un modo diverso da quello in cui si porrebbe se avesse la convinzione che il suo prodotto è il migliore.

A questo proposito la PNL ha fatto uno studio ed è risultato che una delle convinzioni fondamentali, comune a tutti i venditori di successo, è quella di essere certi di vendere il miglior prodotto possibile. Se pensi che il tuo prodotto sia il migliore, in qualche modo trasmetterai questa convinzione al cliente e riuscirai a venderlo.

Ciò vuol dire che se tu hai una buona convinzione, questa farà sì che gli ultimi tre livelli non abbiano più tanta importanza. Forse non sei bravissimo a vendere (capacità); forse non ti alzi tutte le mattine per fare cento telefonate (comportamenti); forse il computer non è aggiornato (ambiente); ma se sei assolutamente convinto che il tuo prodotto sia valido lo venderai di più in ogni caso. E ti darai da fare finché non otterrai risultati! Quindi, una buona convinzione può sopperire a mancanze nei livelli inferiori. Mai viceversa.

Perché convinzioni e valori sono sullo stesso livello? Non riuscendo a capirlo, ho girato la domanda a Robert Dilts in persona durante un suo corso. In quell'occasione mi chiedevo: «Il modello a livelli l'ha creato lui, ha a sua disposizione tanti spazi, perché non ha messo convinzioni e valori su due livelli distinti?». La sua risposta è stata che si tratta in entrambi i casi di *motivazioni* che ci spingono ad agire e per questo occupano un unico livello.

Quindi, che tu agisca perché credi che una cosa sia vera

(convinzioni) o perché quello per te è un valore importante (valori), si tratta sempre di una motivazione ad agire. Se sei convinto di qualcosa o se per te quel qualcosa rappresenta un valore, riuscirai a ottenere dei risultati.

La convinzione può fare veramente la differenza in un'azienda. Se un venditore non è convinto del suo prodotto, non riuscirà a vendere. Per lo stesso principio, se un imprenditore pensa di non riuscire a instaurare un buon rapporto con il proprio gruppo, non ce la farà.

Se il gruppo dei dipendenti è convinto che al manager non interessi nulla della loro situazione o si interessi solo degli affari suoi non cercherà neanche di avvicinarsi a lui e viceversa. Se il manager non crede nei dipendenti non farà nulla per aiutarli.

In America sono stati fatti diversi esperimenti sull'insegnamento e sulla formazione. Uno di questi aveva come oggetto due distinti gruppi di studenti affidati a due diversi insegnanti. Gli organizzatori hanno detto al primo insegnante: «Il tuo gruppo è composto da geni che si danno da fare e studiano moltissimo», e al secondo: «Il tuo gruppo è formato da ragazzi scarsi, che non si danno da fare, non studiano». Queste asserzioni, nell'uno come nell'altro caso, non erano vere. Il condizionamento psicologico degli organizzatori aveva l'obiettivo di trasmettere le diverse convinzioni ai due insegnanti.

Cosa è successo? Che a fine anno scolastico i ragazzi definiti "geni" lo erano diventati davvero, perché la convinzione era stata loro trasmessa dall'insegnante che, credendoli tali, riteneva impossibile che potessero non capire. Il docente a cui questi presunti geni erano affidati diceva: «Se non capiscono la colpa non può che essere mia», quindi rispiegava la lezione fino a che non capivano.

Al contrario, i ragazzi definiti come "scarsi", erano davvero divenuti carenti in più di una materia, perché, anche in quel caso, erano stati condizionati dalla convinzione del secondo insegnante, che pensava: «Questi ragazzi sono scarsi, non si impegnano, non ci arrivano, perciò è inutile che mi affatichi a spiegare più volte una stessa cosa, andiamo avanti». Quindi, alla fine, il secondo gruppo di studenti è rimasto davvero indietro, non perché fossero realmente scarsi, ma a causa dell'errata convinzione dell'insegnante.

È così. Le convinzioni ci sono, ne abbiamo tante, su di noi, sulla vita, sul gruppo o sull'azienda, sono fondamentali e si trasmettono. Quindi tu puoi avere un'azienda, ma se non credi nella sua struttura, nel prodotto e nei collaboratori che hai, non andrai avanti più di tanto. Se non c'è fiducia e collaborazione, non riesci a renderti indipendente dalla tua azienda. Puoi aver speso tanti soldi in formazione, spingere i tuoi collaboratori all'azione, avere un ambiente bellissimo, una struttura stupenda, ma, se non ne sei veramente convinto, sei destinato a fallire.

I valori sono la medesima cosa, ossia sempre una motivazione che ci spinge ad agire. Ognuno può conoscere più o meno i propri valori, ma spesso nessuno ne ha consapevolezza fino in fondo, anche perché non si è soliti scriverli né metterli in ordine. Invece alcune aziende lo fanno, chiedendosi quali siano e fissandoli.

Ad esempio, per molte aziende la qualità è un importantissimo valore. Alla Mercedes è successo che un'autovettura della Classe A abbia avuto un incidente in fase di testing, in contemporanea al lancio sul mercato. La cosa ha avuto risonanza mondiale e la Mercedes, in nome della qualità che la caratterizza, ha deciso di ritirare dal mercato tutte le Classe A in vendita, perdendo milioni di euro. Se non lo avesse fatto avrebbe perso molto di più, ossia la credibilità presso i propri clienti, che avrebbero smesso di vedere il marchio dell'azienda come sinonimo di prodotti di grande affidabilità.

Quando si hanno chiari i propri valori ci si comporta di conseguenza. Ecco un esempio di buon *allineamento*. La Mercedes ha dimostrato di conoscere la propria identità e i propri valori e di avere comportamenti congruenti a essi.

Se questi sono i valori, il comportamento non è che una conseguenza, non c'è neanche da pensarci. Nel caso della Mercedes, il sacrificio finanziario era inevitabile se si voleva mantenere un alto standard di qualità. La perdita altrimenti sarebbe stata ben più importante: c'era in gioco la credibilità presso i propri clienti. Si è trattato di un comportamento congruente con i valori: ecco perché la casa automobilistica tedesca è ad altissimi livelli come azienda produttrice di autovetture.

Anche noi in Bruno Editore abbiamo i nostri valori, tra cui Velocità, Passione, Qualità.

Si tratta di valori che vengono vissuti intensamente nel nostro team e vengono quindi percepiti tantissimo anche dai nostri autori, dai nostri affiliati, oltre che dai nostri clienti.

La velocità ci ha portato a perseguire la strada degli ebook, un formato innovativo con cui pubblicare velocemente un testo in poco tempo e su migliaia di siti.

La passione per la formazione ci ha portati alla nicchia della crescita personale, professionale e finanziaria. Io sono il primo a leggere migliaia di manuali e a seguire corsi di formazione, quindi è normale che abbiamo scelto questa direzione.

La qualità è uno dei nostri standard più importanti: veloci sì, ma sempre con la massima attenzione verso i contenuti, la selezione degli autori, la scelta delle copertine e così via. Anche questa è sotto l'occhio di tutti ed è un bel biglietto da visita per un'azienda e un team allineato che vuole avere successo perché crede davvero in quello che fa.

SEGRETO n. 9: le convinzioni e i valori di un'azienda vanno scritti e resi noti a tutto il team, affinché ci possa essere un

completo allineamento e si vada tutti nella stessa direzione.

L'**identità**, che è il secondo livello più alto, è ancora più importante delle convinzioni. Tu puoi non credere di essere il miglior venditore sulla piazza, ma se ti senti un "venditore" nell'intimo ti comporterai da tale e, prima o poi, ti convincerai di esserlo e di far bene il tuo lavoro.

Ti faccio un semplice esempio. Una volta ho aiutato un'amica a smettere di fumare. Ebbene, finché non abbiamo toccato il livello dell'identità non è riuscita a farlo. Infatti chi smette di fumare, o meglio, chi tenta di smettere di fumare su quale livello lavora? Ovviamente a livello di comportamenti, sbagliando. Dice a se stesso: «Da oggi non fumo più», oppure: «Basta, prendo il pacchetto e lo butto». Smette di fumare, sì, ma quanto dura? Un giorno? Una settimana? Un mese? C'è chi ci riesce, ma non è questa la strada migliore per la maggior parte delle persone.

Perché non basta limitare i propri comportamenti se si è ancora

persuasi che fumare rilassi e faccia star bene.

Fino a che si è convinti di essere "fumatori", si sarà sempre tali.

Per cui puoi decidere di smettere, di interrompere l'istinto di

portare la sigaretta alla bocca (comportamenti), ma prima o poi

ricomincerai e continuerai fino a che non arriverai a cambiare la

tua identità, il tuo nucleo.

Stesso discorso per chi si mette a dieta. Anche in questo caso cade

in errore in quanto, come prima cosa, lavora a livello di

comportamenti: «Da oggi smetto di mangiare dolci! Mangio 60

grammi di pasta invece che 150». Chi ragiona così, si limita nei

comportamenti, ma intanto pensa: «Io sono convinto che i dolci

mi piacciono e mi fanno star bene. Sono convinto che un bel

piatto di amatriciana da 150 grammi sia molto buono!». Fino a che il cambiamento non avviene a livello di identità, lavorare a livello di comportamenti non funzionerà, non durerà.

Chi ha una crisi di identità cambia tutta la sua vita. Questo è successo, ad esempio, ad Anthony Robbins. Era ingrassato moltissimo, abitava in un posto minuscolo e non aveva più un dollaro. Ha continuato a vivere così finché non ha toccato il fondo, ma a quel punto si è detto: «Basta, da oggi cambio, sarò un'altra persona, adotterò nuovi standard, nuove convinzioni e nuovi valori. Il resto non sarà che una conseguenza del mio atteggiamento». Ed è iniziata la sua risalita.

Quando un'azienda, o il suo imprenditore, ha chiaro il proprio nucleo e la propria missione, il resto è una conseguenza e il team seguirà la direzione. Quando hai una motivazione abbastanza forte, un "perché" abbastanza forte, il "come" lo troverai certamente. Questo concetto è molto importante.

Ma vale anche il contrario? Cioè, è possibile cambiare un comportamento e poi, di conseguenza, cambiare identità e convinzioni? Sì, però ci vuole moltissimo tempo. Ad esempio, il servizio militare funziona così. Chi l'ha fatto sa che se per un anno si è condizionati a fare determinate cose come tenere un fucile in mano, fare la guardia, non dormire, vestire da militare, cantare gli inni e stare sull'attenti, alla fine, forse, si sentirà un valore un po' più alto del patriottismo o si avrà un'identità più forte da soldato.

Ma quanto ci vuole? E quanto è faticoso? Tanto. Chi te lo fa fare? Nessuno. La PNL è la scienza dell'efficacia e ci insegna che una strategia, per essere efficace, deve essere veloce, fattibile e semplice.

Quando penso all'identità della Bruno Editore nel mare dell'editoria, la vedo come un delfino che si muove velocemente tra balene enormi, con passione e divertimento, sempre un passo più avanti degli altri. È un'identità forte che sentiamo proprio dentro.

SEGRETO n. 10: l'identità di un'azienda rappresenta la vera forza del team e lo rende compatto e unito.

Arriviamo al livello più alto: **la missione.** Cosa intendo per missione? È l'idea, il valore finale, la parte più elevata dell'azienda, il sogno e lo scopo che guida tutto. Crea una buona missione e l'azienda non avrà più bisogno di te a guidarla. Ci sarà lei al posto tuo a segnare la giusta direzione. Qual è la missione della tua azienda?

La nostra, ad esempio, è quella di diffondere attraverso gli ebook la cultura della formazione, sia nel mercato italiano che internazionale, con passione e qualità dei contenuti.

Come vedi, rispecchia la nostra stessa identità e i nostri valori più importanti. Ma ci dà anche uno scopo preciso, quello di diffondere la formazione; e degli obiettivi chiari e motivanti: diventare una multinazionale dell'ebook.

Quando quest'anno la nostra responsabile marketing ha buttato giù il Marketing Plan ha raccolto ben 18 progetti. Tutti molto interessanti e tutti realizzabili con budget più o meno elevati.

A quali avremmo dovuto dare la precedenza? Naturalmente a

quelli in linea con la nostra missione, la nostra identità e i nostri valori. Per questo il progetto "traduzioni" è stato tra i primi che abbiamo messo in campo: se vogliamo essere una multinazionale, allora dobbiamo iniziare a testare le lingue più diffuse e trovare un riscontro nei paesi su cui investire più tempo e più risorse.

Al contrario, il progetto "BE Green", che doveva diventare un punto di forza spingendo sul fatto che gli ebook sono ecologici e fanno risparmiare carta, è stato ridimensionato. Qualche studio, un logo nelle schede degli ebook e una pagina dedicata. Ma nulla di più, perché non è un punto cardine della nostra missione. Naturalmente siamo contenti di essere green, l'ebook lo è per definizione, e a oggi salviamo la vita a oltre 20 alberi ogni mese. Ne vado molto fiero. Ma semplicemente non è un punto su cui investire le nostre risorse di marketing.

Ho deciso io personalmente quali progetti seguire? Assolutamente no, è stato il nostro team. Perché quando la missione è chiara, è facile, per chiunque sia allineato, decidere cosa è giusto e cosa no. Io come imprenditore non sono più necessario, l'azienda va avanti in totale autonomia.

SEGRETO n. 11: la missione è lo scopo principale di un'azienda e serve ad allineare il team verso un'unica direzione, obiettivi coerenti, decisioni veloci e autonome, rendendo l'imprenditore non più necessario all'impresa.

Una volta individuati i vari livelli, è fondamentale ordinarli attraverso il **processo di allineamento.** Questo è un esercizio che va benissimo sia a livello individuale che di gruppo di lavoro. Nel primo caso è rivolto a te come singolo e ti serve per acquisire leadership personale. Fissi la tua missione e poi allinei, ossia adegui tutto il resto. Nel secondo caso è rivolto ai manager dell'azienda e a tutto il team.

Dunque, una volta fissata la missione aziendale (missione), attribuisci all'azienda un'identità (identità), dei valori e delle convinzioni (valori e convinzioni). Decidi che tipo di formazione fornisce (capacità), cosa fa (comportamenti), in quali ambienti opera e qual è il target (ambiente), ovvero il pubblico cui è destinato il prodotto.

Questo esercizio serve ad allineare tutto il team. Io l'ho fatto nei corsi di leadership come formatore, ma lo faccio tuttora all'interno delle mie aziende.

Su di una lavagna scrivo in grande "missione" e, a seguire, la missione dell'azienda. Poi "identità" e, a seguire, l'identità dell'azienda e così via. Alla fine avrò creato sei pagine, una per livello. A questo punto le devo riempire e per farlo chiederò a ogni componente del team di fornirmi informazioni relative alla propria posizione aziendale e di esprimere le proprie idee, mentre io registro il tutto.

Ad esempio, potrei chiedere: «In quale ambiente lavorate?». Qualcuno mi dirà: «Lavoro in magazzino», qualcun altro: «Lavoro in ufficio», io intanto riempio la lavagna relativa all'ambiente. Poi chiedo: «Che comportamenti adottate? Cosa fate in pratica?». «Io mi occupo di spedizioni», «Io mi occupo di imballaggio», «Io mi occupo di telefonare ai clienti», e riempio un'altra lavagna, quella relativa ai comportamenti.

Poi passo alle capacità e chiedo: «Che capacità avete?». «Io so vendere», «Io mi occupo della contabilità», e metto insieme tutte le capacità. Ancora: «Che convinzioni avete? Che valori? Che identità? Qual è la vostra missione personale?», e scrivo le varie risposte.

Questo lavoro serve per allineare sia le persone sia i loro obiettivi, ovvero le singole missioni individuali a quella aziendale. Si tratta, quindi, di un doppio processo.

In genere, dopo aver compilato ogni foglio, lo strappo e lo fisso al muro con lo scotch perché resti in evidenza con tutte le risposte fornite dal gruppo. A fine formazione, quindi, avrò costruito, con l'aiuto del personale aziendale, una serie di tracce essenziali per procedere all'allineamento.

Le domande sono lo strumento più importante che si possa utilizzare, perché permettono alle persone di formulare risposte. Se fai buone domande, otterrai buone risposte.

Immagina di seguire questo modello dei livelli logici anche per il tuo allineamento personale: qual è il tuo scopo nel voler fare l'imprenditore? Chi è un buon imprenditore? Che valori ha un imprenditore? Di cosa è convinto? Che abilità deve avere? Cosa deve saper fare? Chi e quali ambienti deve frequentare?

Ti posso garantire che questo processo è eccezionale, ho fatto questo esercizio con manager di aziende di grandi dimensioni, con fatturati di milioni di euro, i quali ne hanno tratto un giovamento enorme. È utile soprattutto per rimettersi in riga, perché spesso capita di perdere la propria direzione, anche essendosi fissati una missione, e di comportarsi poi in maniera incoerente.

Ho conosciuto un avvocato che amava stare in udienza, a contatto con le persone, e per questo motivo faceva il suo lavoro benissimo e con passione. Tanta passione e impegno al punto che ha avuto moltissimo successo. Ma cosa è accaduto? Che ha messo su uno studio tutto suo, con alcuni colleghi come collaboratori che andavano in udienza al suo posto; per cui, dopo alcuni anni di attività, si limitava a dirigere.

Questo comportamento, però, andava palesemente contro valori, ideali, missione e identità che lo avevano portato sempre ad assistere personalmente i suoi clienti. Non farlo più lo faceva star male. Gli ho suggerito di tornare a fare ciò in cui credeva, ciò che più di ogni altra cosa l'aveva spinto a lavorare bene e ad avere tante gratificazioni. Ovvero andare in udienza di persona. Certo, non avrebbe potuto seguire personalmente tutti i clienti dello studio, avrebbe tenuto per sé solo i casi più delicati. Ma questo bastò a risollevarlo e a fargli affrontare il lavoro con gioia e carica rinnovate.

Questo processo ti può veramente portare ad apparire diverso anche alle altre persone, oltre che a te stesso, tanto più se sei un imprenditore e devi ispirare un gruppo. Ai tuoi collaboratori trasmetti la tua missione, la visione della tua azienda; poi devi far sì che ci sia allineamento, cosa di cui tu devi essere il primo esempio concreto.

I tre livelli del nucleo, ovvero convinzioni, identità, missione, rappresentano il cuore pulsante di ogni persona e di ciascuna azienda. Ricordati che anche i singoli componenti del tuo team hanno, a loro volta, una propria missione, i propri obiettivi, una propria identità e proprie convinzioni su di te, sull'azienda e su se stessi.

L'esercizio di allineamento che svolgo in azienda aiuta i vari componenti del team a rendere congruenti e ad allineare i propri obiettivi individuali e a ricondurli a quelli dell'azienda.

In una squadra di calcio la missione è vincere lo scudetto. I giocatori sono contenti, perché rivedono i loro singoli obiettivi realizzati nell'obiettivo comune. Ognuno vuole vincere, ognuno vuole segnare dei goal, ognuno vuole ottenere un riconoscimento e, magari, vincere una coppa. Però gli obiettivi dei singoli giocatori si fondono nell'obiettivo comune dell'intero gruppo e dell'allenatore.

SEGRETO n. 12: il processo di allineamento è un passaggio importantissimo per dare una direzione comune al team e rendere l'azienda autonoma dall'imprenditore.

Robert Dilts e Richard Bandler raccontano di aver prestato una consulenza aziendale, negli anni '80, presso la Xerox, azienda produttrice di fotocopiatrici e materiale affine. Cos'era successo?

Poco tempo prima uno dei manager della Xerox era andato a Los

Angeles e si era accorto che nella redazione di un quotidiano non

c'erano praticamente più né fotocopiatrici né fogli di carta e la

maggior parte della documentazione era in formato elettronico, in

seguito al boom dei computer. Per cui tornò assai preoccupato in

azienda e, scatenando una grande paura generale, disse: «È un

dramma, di qui a pochi anni ci sarà il boom dei computer, per cui

nessuno userà più le nostre fotocopiatrici e noi falliremo».

A questo punto i vertici aziendali pensarono: «Ci sarà il boom dei

computer? Bene, allora diamoci da fare e produciamo

computer!». Decisero quindi di spostare completamente la loro

missione e il loro obiettivo, creando livelli paralleli a quelli

tradizionali dell'azienda. Erano allineatissimi sul produrre

fotocopiatrici. Per paura cambiarono improvvisamente la

missione originale ma, purtroppo, non riuscirono ad allinearsi con la nuova.

Il perché è semplice: nessuno dei loro addetti era competente in materia di computer. Il personale non sapeva costruirli, né era preparato ad affrontare un cambiamento su larga scala. Pensa cosa voglia dire per un'azienda che è leader in un settore e ha centinaia di dipendenti attuare una simile rivoluzione. Se fai un cambiamento a livello di nucleo, i cambiamenti ai livelli inferiori sono sempre più grandi e se le persone non sono preparate succede un dramma. Esattamente quello che è successo alla Xerox, che ha rischiato di fallire.

L'analisi di Bandler e di Dilts si è centrata proprio su questi livelli. Hanno detto ai vertici aziendali: «Voi eravate concentrati sull'obiettivo di creare macchine fotocopiatrici, questa era la vostra missione ed eravate allineatissimi a essa, tanto da aver raggiunto la leadership mondiale in questo settore. Perché siete passati a tutt'altro campo, totalmente diverso dal vostro? Non ha senso». Consigliarono loro di mollare l'idea di cambiare settore e di tornare alla produzione di macchine fotocopiatrici, ambito nel quale avevano già costruito solide fondamenta, magari sviluppando componenti elettroniche per migliorarle.

Ristabilirono l'allineamento riportando l'azienda a concentrarsi sul prodotto originario, anche se modificato e innovato secondo la tecnologia emergente. Dissuasero i dirigenti dall'idea di ripartire da zero in tutt'altro settore, scelta che li stava portando al fallimento. Alla Xerox, secondo Bandler e Dilts, con l'idea della produzione dei computer avevano creato dei livelli paralleli che non avevano senso, quindi bisognava ricominciare da capo con un processo di allineamento su tutto il team.

Questo processo ti consente di rendere l'azienda indipendente da te al 100%. Non è facile, ma ti assicuro che vale la pena lavorarci sopra insieme ai tuoi collaboratori.

Io credo di esserci riuscito, non senza fatica. La scorsa estate sono stato nell'isola di Lampedusa per 3 settimane, senza linea telefonica, senza internet, senza cellulari. A causa di un guasto al cavo sottomarino che collega Lampedusa all'Italia, io e Viviana siamo rimasti completamente isolati e non abbiamo potuto avere nessun contatto con l'ufficio.

L'azienda si è auto-organizzata per portare avanti il lavoro senza di noi, procedure alla mano, senza fare errori e con i migliori risultati di tutti i tempi: nel mese di Agosto 2010 la nostra azienda ha registrato un +761% rispetto all'agosto 2009, con un fatturato superiore ai 146.000 euro.

La mia azienda era finalmente autonoma e da quel giorno ho deciso di andare in vacanza più spesso!

RIEPILOGO DEL CAPITOLO 2:

- SEGRETO n. 7: un imprenditore che vuole rendersi indipendente dalla propria impresa deve essere in grado di allineare i componenti del suo team, facendoli sentire coerenti e congruenti al 100% con la missione aziendale.

- SEGRETO n. 8: nel caso il team si trovi in difficoltà è bene non escludere subito eventuali problemi ai livelli base, cioè "ambiente", "comportamenti" e "capacità".

- SEGRETO n. 9: le convinzioni e i valori di un'azienda vanno scritti e resi noti a tutto il team, affinché ci possa essere un completo allineamento e si vada tutti nella stessa direzione.

- SEGRETO n. 10: l'identità di un'azienda rappresenta la vera forza del team e lo rende compatto e unito.

- SEGRETO n. 11: la missione è lo scopo principale di un'azienda e serve ad allineare il team verso un'unica direzione, obiettivi coerenti, decisioni veloci e autonome, rendendo l'imprenditore non più necessario all'impresa.

• SEGRETO n. 12: il processo di allineamento è un passaggio importantissimo per dare una direzione comune al team e rendere l'azienda autonoma dall'imprenditore.

CAPITOLO 3:

L'Azienda: dal Brand alla Nicchia

Dopo aver compreso la differenza tra tecnico e imprenditore e aver visto tutti gli strumenti più importanti per fissare la missione aziendale e allineare il team, per gestire un'impresa a distanza, per monitorarne i risultati, puoi fare un passo in avanti e capire che puoi iniziare a investire il tuo tempo e le tue risorse non solo in aziende nel cui settore sei molto esperto (la pizzeria per il piazzaiolo), ma anche in altri di tuo interesse.

Come ti ho detto, l'imprenditore non è tenuto a essere esperto in tutti campi, l'importante è che sia esperto di come si crea un'azienda e di quali sono i principi cardine su cui si regge.

Quindi, se segui i principi per creare una struttura forte e autonoma, con un suo manuale operativo delle procedure, e la lasci crescere indipendentemente da te, allora il prodotto non è più così fondamentale. Ho amici imprenditori che investono su qualsiasi cosa, che piaccia loro o meno. Se l'affare è buono e rende denaro, lo fanno senza pensarci due volte.

Una volta mi è stato proposto di investire in una società immobiliare che doveva costruire 20 appartamenti in periferia di Roma. In una zona piuttosto malfamata. La domanda che mi sono posto è stata: «Mi piace questo affare?». La mia risposta è stata: «No». E mi sono bloccato.

Ma la verità è che in quel primo momento non ho ragionato da imprenditore. La seconda domanda che mi sono fatto è stata:

«Questo affare funziona e produce rendite?». La risposta è stata: «Sì». Quindi ho deciso di farlo senza più indugiare.

Sono un super esperto di costruzione di palazzine? No. Però ne so abbastanza di investimenti immobiliari, ne so abbastanza di come si gestisce un'azienda, so leggere un business plan e valutarne velocemente rischi e benefici. E nell'impresa abbiamo coinvolto il geometra del Comune e altre persone di zona. L'affare ha avuto un ritorno del 200% in 12 mesi. Se poi consideri che i soldi neanche li avevo messi io ma avevo coinvolto a mia volta un socio finanziatore, il ritorno rispetto al mio capitale è stato infinito.

SEGRETO n. 13: un vero imprenditore non guarda se un affare gli piace o meno, ma verifica il livello di redditività e di ritorno sull'investimento.

Tutto questo per dirti che nel momento in cui impari come funzionano le cose, allora tutto è più facile perché puoi creare un'azienda dopo l'altra senza curarti troppo del settore, a patto di trovare una specifica nicchia nella quale emergere ed essere il primo.

Pensa a Richard Branson, probabilmente il più grande imprenditore del mondo. Il suo marchio Virgin è su decine e decine di aziende diverse, che vanno dalla musica (Virgin Music, Virgin Radio) alle compagnie aeree (Virgin Airways), dalle bevande (Virgin Cola) alle palestre (Virgin Active). L'ultima nata è la Virgin Galactic, la prima azienda che offre viaggi nello spazio! Questo risultato eccezionale è dovuto sia alla grande esperienza di Branson come imprenditore, sia alla sua grande abilità nel costruire un **brand** fortissimo.

Riflettici: più forte è il brand aziendale e più l'azienda è slegata da te e dalla tua immagine. Al contrario, le aziende che sono fortemente legate al proprio leader hanno un valore minore perché senza il leader rischiano di chiudere velocemente.

Pensa ad Apple: è un'azienda mostruosamente grande e di successo, eppure quando Steve Jobs rischiava la vita a causa di un tumore, le azioni in Borsa sono crollate. La Apple senza Steve Jobs potrebbe navigare in cattive acque.

Al contrario, un'azienda il cui brand è completamente indipendente dal suo ideatore, creatore e fondatore, come ad esempio McDonald, ha un valore maggiore sul mercato ed è in grado di portare rendite automatiche più facilmente.

SEGRETO n. 14: un'azienda il cui brand è completamente indipendente dall'imprenditore ha un valore maggiore sul

mercato ed è in grado di portare rendite automatiche più facilmente.

Per questo, negli ultimi 5 anni, ho svolto un lungo e approfondito studio su come le aziende di successo si posizionino nel mercato utilizzando strategie di branding. Strategie che possono essere replicate e applicate a qualsiasi impresa. Se comprendi questi principi, non avrai alcuna difficoltà a crearti le tue rendite da aziende.

Ho esposto in maniera approfondita i segreti del posizionamento nel mio ebook *Posiziona il Tuo Brand*. Ora voglio riprendere per te quei concetti e spiegarti come comunicare attraverso strategie efficaci per aumentare il valore percepito dai tuoi clienti e conquistare una posizione di successo all'interno del mercato.

Ti porto un esempio pratico preso dalla mia personale esperienza di editore. Gli ebook pubblicati dalla nostra casa editrice producono un volume di vendite variabile a seconda della notorietà dell'autore nel suo campo. Questa è una prova di quanto sia importante la percezione che i consumatori hanno rispetto all'autorità personale di chi offre il prodotto e, in questo caso, di chi scrive l'ebook.

Il trattamento che il pubblico riserva a un prodotto è questione di percezione. Questo concetto è spiegato bene dalla PNL: un servizio o un prodotto può essere accolto più facilmente dal consumatore se questo percepisce dietro di esso una serie di fattori positivi, quali stima, fiducia, credibilità, trasparenza. Per posizionare con successo il nuovo prodotto o la nuova azienda che stai progettando, è fondamentale, quindi, che tu dia la massima importanza alla percezione che ne ha il pubblico.

E se vuoi che la tua azienda sia percepita come unica allora devi trovarti una **nicchia** che sia tutta tua.

SEGRETO n. 15: quando progetti la tua impresa, trova una nicchia, anche se piccolissima, che sia solamente tua e in cui la tua azienda possa specializzarsi, raggiungendo i risultati migliori.

Come scegliere una nicchia di mercato che sia tutta per te? Il primo concetto che devi tenere in considerazione è quello di "divergenza". La divergenza porta a una differenziazione, alla creazione di un tuo campo, anche se piccolissimo.

Spesso si parla di convergenza, soprattutto per quanto riguarda il mercato tecnologico, e sembra davvero che questa rappresenti il futuro. Pensiamo, ad esempio, ai telefoni cellulari che vengono implementati con funzioni sempre più numerose: oltre a telefonare, si può fotografare, si possono effettuare delle riprese e leggere degli ebook; tuttavia, la qualità proposta è quasi sempre inferiore rispetto a quella dei singoli dispositivi creati appositamente ed esclusivamente per svolgere quell'attività: la macchina fotografica, la videocamera, gli ebook reader.

Anche una volta individuata la tua nicchia, non devi fermarti, ma continuare a specializzarti fino a diventare il massimo esperto nel tuo ambito, quello al quale tutti vorranno rivolgersi.

Nella ricerca della tua nicchia ricordati che se un filone di prodotti funziona già bene, non è detto che i prodotti successivi ottengano lo stesso successo. Ti faccio un esempio pratico di quello che ti sto spiegando facendo riferimento al mercato dei cosiddetti "energy drink".

Qual è la prima marca che ti viene in mente? La Red Bull, sicuramente. Questo perché l'azienda è stata in grado di crearsi dal nulla una nicchia di mercato e di affermare la propria leadership. Naturalmente esistono altre marche importanti, come la Burn, ma non vengono in mente a nessuno se si parla di energy drink. La Burn non è riuscita a creare l'associazione biunivoca con la keyword "energy drink", proprio perché è arrivata seconda nel mercato e nella mente dei consumatori.

Fai tesoro, quindi, delle esperienze altrui e trai i giusti insegnamenti. Tu e la tua azienda non dovete arrivare secondi, al contrario, dovete essere riconosciuti come unici.

In generale, crearsi una nicchia più piccola modificando uno o più parametri funziona bene. Tra le nicchie più note c'è quella creata dalla Polaroid, che ha ricavato un suo spazio all'interno di un settore, quello della carta fotografica, che era dominato dalla Kodak. In che modo ci è riuscita? Inventando la famosa macchina fotografica a stampa immediata.

Alcuni dei nostri autori sono riusciti a costruirsi una loro autorevolezza, a individuare le proprie parole chiave e a crearsi una propria nicchia. È il caso di Simone Caracciolo con l'ebook *Guadagnare con ClickBank* e di Marco De Carlo con il suo *La Torre di AdSense*: entrambi si sono ben inseriti nel settore del "fare soldi online", che io stesso ho avviato in Italia tanti anni fa. Naturalmente non avrei pubblicato i loro ebook se fossero stati copie del mio: in questo caso non lo erano, anzi approfondivano due parti importanti di questo vasto argomento.

Altri, come Massimo D'Amico, sono andati oltre: con il suo prodotto *Free-Per-Click* ha creato una vera e propria parola nuova, una nuova keyword, alla quale il suo nome si è associato in maniera unica e definitiva.

Infatti, se vuoi creare un brand di successo, devi associare alla tua azienda una parola chiave, la **keyword**. Una keyword nuova, esclusiva, ideata da te, può essere posizionata sul mercato più facilmente. Al contrario, una keyword generica e comune incontra maggiori difficoltà, tuttavia il risultato è solido e duraturo. La keyword ti rappresenta e tu rappresenti ciò che la keyword identifica nella mente del consumatore.

Ti porto la mia esperienza con la casa editrice: la Bruno Editore è un caso di relazione biunivoca.

Al brand "Bruno Editore" è strettamente associata la keyword "ebook", così quando si pensa alla Bruno Editore vengono in mente gli ebook e, viceversa, quando si pensa agli ebook viene in mente la Bruno Editore. L'associazione è immediata e non solamente per gli autori e i lettori della nostra casa editrice, ma anche per la stampa e la televisione che riconoscono la nostra autorità nel settore.

Questo concetto è molto importante, perché se dei non professionisti del settore arrivano a te, per motivi lavorativi o come potenziali clienti, significa che hai saputo creare una buona associazione tra il settore e il tuo brand.

Una keyword generica, dunque, ha portato nel nostro caso a un posizionamento stabile e ci ha conferito il primo posto nel nostro settore: siamo esperti, offriamo prodotti di qualità, ci distinguiamo sul mercato.

SEGRETO n. 16: per posizionarti sul mercato in maniera unica devi progettare un'azienda che sia associata a una specifica keyword in una relazione biunivoca.

Non sempre questa associazione con una keyword generica porta al successo. Molto spesso infatti si tratta di parole chiave già utilizzate e sfruttate, quindi per riuscire a distinguerti devi renderti riconoscibile, identificabile. Devi trovare la tua nicchia e ottimizzare il tuo posizionamento in base a questa.

Alcune grandi aziende hanno saputo legare il proprio nome alla keyword al punto da fare del proprio marchio una parola chiave. È il caso eclatante di Kleenex, di Scotch e di Jeep: sono parole entrate a far parte del nostro lessico quotidiano, che noi utilizziamo al posto di espressioni come "fazzoletto di carta", "nastro adesivo" e "fuoristrada" senza correre il rischio di non essere compresi.

Arrivare a questo livello significa aver raggiunto un successo importante. Allo stesso tempo, significa aver lavorato bene, nel corso degli anni, sul posizionamento del proprio brand ed essersi costruiti un'autorevolezza senza confronti. Certamente la possibilità di avere a disposizione uno strumento ormai fondamentale come internet ha permesso di velocizzare tutto e la conquista del mercato può avvenire in tempi anche molto rapidi.

La prova di quello che ti sto dicendo è costituita da aziende anche molto giovani che, proprio grazie a internet, hanno conquistato grosse fette di mercato e sono diventate dei colossi: non avevano una lunga storia alle spalle, ma offrivano un servizio innovativo e funzionante, al punto che sono stati gli stessi consumatori a diffonderne il marchio con il passaparola, come nel caso sensazionale di Google e di Facebook.

Per ottenere un certo posizionamento, dunque, la scelta della keyword non deve essere casuale. Ma come fare, nella pratica, a legare in una relazione biunivoca il tuo brand alla parola chiave?

Il segreto sta nell'essere il **primo** della nicchia: trova il tuo settore e crea una nicchia che sia solo tua, perché solo chi arriva per primo viene ricordato.

Rispondi a questa domanda: chi è stato il primo uomo a sbarcare sulla luna? Armstrong. E chi è stato il secondo? Per quanto cerchi di ricordarlo, non ti viene in mente. Non c'è spazio per chi arriva secondo, non se ne parla. Solo chi arriva per primo viene associato a un certo settore, a una data nicchia di mercato.

Io stesso ho identificato per la nostra casa editrice una nicchia all'interno del mercato dell'editoria. Nuove case editrici sbocciano, nuovi libri vengono pubblicati ogni giorno, in alcuni casi si riesce a far entrare i propri libri nelle librerie...

Ma un'alta percentuale di queste case editrici non riesce a sopravvivere a lungo. Non volevo che la Bruno Editore fosse una delle tante, volevo che si distinguesse, che fosse un punto di riferimento per i lettori. Ho scelto la mia nicchia, quella degli ebook, e ora ne siamo i protagonisti indiscussi.

SEGRETO n. 17: l'imprenditore di successo vuole progettare aziende che siano leader nella propria nicchia, per posizionarle come prime nella mente del pubblico.

Anche in questo caso, la percezione che il cliente ha della tua azienda è basilare: non devi essere il primo ad arrivare sul mercato, ma il primo nella mente del cliente.

Il consumatore possiede delle proprie rappresentazioni mentali generate attraverso l'elaborazione di forme, suoni e sensazioni: essere il primo nella tua nicchia significa essere il primo nelle rappresentazioni mentali del consumatore.

Ricordati di questo aspetto, perché è importante se vuoi che il cliente resti fedele a te e alla tua offerta. Se sarai il primo nella sua mente, il cliente continuerà ad acquistare i tuoi prodotti anche quando vorrai aggiornarli e migliorarli nel tempo e i tuoi competitor cercheranno di eguagliarti.

Il lavoro da svolgere è intenso, richiede molta attenzione ai bisogni e alle esigenze del cliente. Devi riuscire a offrire un prodotto unico e studiare in anticipo una buona strategia per il suo posizionamento.

Ti porto ancora una volta un esempio pratico tratto dalla mia personale esperienza di editore. Pur non essendo stati i primi ad arrivare sul mercato dell'editoria digitale, siamo stati i primi a rendere il nostro prodotto accessibile e a trattare una vastità di argomenti pur restando nella nostra nicchia, quella degli *ebook per la formazione*, settore in cui siamo leader anche oggi che sono scesi in campo Mondadori, RCS, Gems e tutti i grandi gruppi editoriali.

Se arrivi per primo e divieni leader del tuo settore lo resti nel corso degli anni, apportando il tuo contributo a migliorare la qualità della vita dei tuoi consumatori.

Un ultimo esempio può esserti utile per consolidare queste informazioni e avviarci al prossimo step. Un ebook che ha venduto moltissime copie è *Lettura Veloce 3X*. L'argomento era stato già trattato da altri autori, ma io sono riuscito a specializzarmi e a ideare delle nuove tecniche, così ho concepito un metodo e gli ho dato un nome particolare.

Posso garantirti che proprio grazie a questo nome ho venduto tantissimo; l'edizione precedente, infatti, che si intitolava *Lettura Veloce in 7 Giorni*, non aveva venduto molto. Ho riorganizzato il materiale, l'ho arricchito con nuovi aggiornamenti e ho cambiato il titolo: a seguito di questa operazione ha venduto migliaia di copie, perché la percezione che l'acquirente aveva dell'ebook era migliore.

La scelta del titolo per il mio ebook si è rivelata fondamentale: infatti, un elemento da tenere in considerazione per ottenere un buon posizionamento è proprio quello del **naming**, ossia lo studio di un nome attraente e accattivante per il tuo prodotto. Il naming è appunto un ramo del marketing che si occupa di assegnare un nome a un prodotto o a un'azienda e a determinare così parte del suo destino.

Il nome che scegli, quindi, non deve essere casuale. Io stesso ho lavorato moltissimo sul nostro brand. Come puoi vedere nell'immagine, il nome e il logo della nostra casa editrice sono stati modificati affinché potessero descrivere meglio la nostra realtà, che si era evoluta nel tempo. Eravamo cresciuti al punto che la sola keyword "autostima" non ci rappresentava più.

Un mio amico imprenditore, Davide Marrone, è l'inventore di Skebby, il software per inviare SMS gratis dai cellulari o dal PC. Davide ha puntato tantissimo sul nome del suo software. Ha deciso di trovare una parola completamente nuova, che non esistesse nel vocabolario. Zero risultati persino su Google.

Dopo aver buttato giù una decina di nomi, io e altri miei colleghi esperti di marketing abbiamo votato per il nome Skebby. Ci sembrava innovativo, simpatico e decisamente appropriato per il tipo di programma che era stato realizzato. Inoltre aveva qualche assonanza con Skype, il software per telefonare gratis dal PC più conosciuto al mondo. Quindi la riconoscibilità del pubblico sarebbe stata immediata. E così è stato: un successo clamoroso.

SEGRETO n. 18: il nome del tuo prodotto o della tua azienda deve essere unico, significativo, facile da ricordare, perché è un importante elemento di successo.

Altro nome di successo? Quello di Arnold Coffee, una delle aziende di maggior valore di cui sono socio insieme a degli amici imprenditori. Si tratta di una catena di caffetterie all'americana in stile Starbucks. Se hai mai viaggiato negli USA sai sicuramente di cosa parlo.

Qui il successo è stato doppio: il nome è geniale nella sua semplicità, sia perché indica chiaramente qual è l'attività, sia perché Arnold era quel simpatico personaggio americano protagonista di una lunga serie televisiva, oltre che il nome del bar del mitico Fonzie. Al tempo stesso, per il suo posizionamento come caffetteria all'americana, Arnold Coffee ha ricevuto un enorme ritorno di immagine tra tutti i "fan" di Starbucks. Basta vedere le pagine su Facebook per leggere i commenti entusiasti di chi ha preso un caffè da Arnold.

In poco più di un anno questa nostra azienda è passata da 1 a 5 punti vendita, tra cui la celebre sede in via Orefici, a piazza Duomo a Milano. Oggi è valutata circa 5 milioni di euro ed è in veloce ascesa. Merito di un nome azzeccato e di soci con un forte spirito imprenditoriale.

Dopo aver individuato la tua nicchia e il nome del tuo prodotto, come puoi riuscire a diventare il leader del settore che hai scelto? La tua nicchia e un nome accattivante non saranno sufficienti. Devi **dimostrare** il valore del tuo prodotto e della tua azienda.

Dimostrarci quale autorevolezza abbiano nel loro campo è ciò che chiediamo agli autori Bruno Editore nel momento in cui ci propongono di pubblicare i loro ebook. Capirlo da un semplice questionario o da un'email non è un lavoro semplice; proprio per questa ragione abbiamo ideato un modulo ben strutturato in cui l'aspirante autore può dimostrarci di essere qualcuno nel suo ambito, indicandoci le sue esperienze, le sue pubblicazioni, il suo sito web. Volendo pubblicare materiale di qualità dobbiamo affidarne la scrittura a personalità che abbiano una determinata esperienza e che, possibilmente, siano già note al pubblico interessato all'argomento.

Perché ti ho parlato della selezione dei nostri autori? Perché nel progettare il posizionamento della tua nuova azienda la logica è la stessa.

Vuoi creare un'azienda che gestisce palestre?Vuoi creare un'azienda che vende acqua minerale?Vuoi creare un'azienda che si occupa di noleggio? Vuoi creare un'azienda che costruisca immobili?

In tutti i casi, devi riuscire a dimostrare la tua autorevolezza per essere scelto tra tutte le proposte che il consumatore ha quotidianamente di fronte a sé. Oggi esistono migliaia di palestre. Decine di tipi di acque minerali. Decine di società di noleggio. Centinaia di imprese di costruzioni. Come distinguersi dalla massa? Se il posizionamento è sbagliato, di' pure addio alle tue rendite automatiche, perché per tenerla in piedi dovrai lavorarci dentro molto a lungo prima di renderla indipendente.

SEGRETO n. 19: per crearti rendite automatiche e rendere indipendente la tua azienda, devi darle un ottimo posizionamento e dimostrare che è la migliore nel suo campo.

È importante che ti dedichi alla visibilità del tuo progetto: partecipa ai blog di settore, fai scrivere articoli ed ebook sull'argomento, lascia che la tua azienda diventi il riferimento che tutti riconoscono come tale. Lavora alla visibilità dell'impresa con qualità e intelligenza e, allo stesso tempo, osserva e modella il comportamento delle aziende di maggior successo: in questo modo puoi utilizzare a tuo vantaggio le loro tecniche vincenti.

A questo scopo **internet** fornisce delle opportunità che puoi cogliere per dare il via ai tuoi progetti di business. Naturalmente puoi sfruttare anche gli strumenti offline per divulgare il lavoro della tua azienda e farla conoscere per ciò che è e per l'esperienza che ha maturato nel proprio campo.

Attraverso tutte e due queste tipologie di strumenti, online e offline, devi riuscire a persuadere il pubblico della competenza vissuta: serviti di racconti, aneddoti, esempi tratti dalla tua esperienza personale, narra la storia della tua impresa.

Quella di Bruno Editore è la storia di una piccola casa editrice che decide di sovvertire il mondo dell'editoria, adottando gli ebook con quasi 10 anni di anticipo rispetto agli altri, abbandonando tutti i modelli tradizionali e rendendosi indipendente. Per questo ha ricevuto il consenso unanime del pubblico e della stampa.

Quella di Arnold Coffee è la storia di un'azienda che ha portato il caffè americano in Italia, con somme difficoltà e grandi sfide.

Ricordati che questo è il momento giusto per agire con passione e per aiutare le persone a migliorare la propria vita. Un'azienda funziona quando non opera esclusivamente per business o per tornaconto personale, bensì quando aiuta le persone a risolvere i propri problemi.

A questo proposito, voglio raccontarti la straordinaria storia di un nostro autore, Roland Del Vecchio e di come attraverso un free-ebook (un breve ebook che approfondisce un aspetto del proprio settore di competenza e che viene distribuito gratuitamente) è diventato un esperto agli occhi dei suoi lettori.

Roland fu contattato, attraverso il nostro blog, da una persona che lamentava problemi di balbuzie e chiedeva di essere aiutata. Iniziarono a scambiarsi delle email private per cercare di superare insieme questa difficoltà. Quella persona iniziò a migliorare al punto che poi il problema scomparve. Il nostro autore restò talmente soddisfatto da quanto era accaduto che volle pubblicare le email in un free-ebook, intitolato *La Libertà di Raimondo*, per aiutare altre persone con lo stesso problema. La conclusione fu che molti lettori lo contattarono per delle consulenze, poiché riconoscevano in lui esperienza e affidabilità.

Questo episodio è esemplificativo di quanto possa essere importante avere come obiettivo quello di aiutare gli altri, senza pensare a un ritorno economico: dispensando il tuo aiuto, infatti, diffondi e dimostri anche la tua competenza. La vicenda accaduta al nostro autore conferma quanto ti ho già indicato in precedenza, ossia l'importanza del web per diffondere i propri prodotti e far emergere la propria autorità. Internet è a oggi lo strumento principe per ottenere un buon posizionamento aziendale.

Grazie al web 2.0 inoltre gli utenti sono diventati attivi, interagiscono, partecipano, commentano e pongono domande. I blog, i forum e i social network permettono di costruire delle relazioni online e di contattare le persone molto rapidamente.

Il web 2.0 è una componente fondamentale nella costruzione della propria reputazione: i commenti degli utenti, le recensioni dei prodotti, i pareri degli acquirenti viaggiano istantaneamente raggiungendo milioni di persone. Pensa all'importanza di tutto questo: utilizza il web 2.0 per praticare viral marketing e sfrutta le opportunità della tecnologia per affermare il brand della tua azienda.

Inoltre il web è la miglior leva tecnologica per automatizzare le tue entrate. Pensa a un sito ecommerce che vende prodotti 24 ore su 24, 7 giorni su 7. Conosci un modo migliore per avere delle rendite anche mentre sei in vacanza e mentre dormi? Un sito ben strutturato è sempre indipendente dall'imprenditore che c'è dietro. **SEGRETO n. 20: il web è una eccellente leva tecnologica per automatizzare le tue rendite e la reputazione online è il valore più importante per il successo di un'azienda.**

Chi non coglie le opportunità offerte dal web resta indietro e difficilmente il suo business riesce a sopravvivere. Pensa agli alberghi: ormai il 90% delle prenotazioni avviene online e in base alle recensioni degli utenti. Siti come TripAdvisor rappresentano il successo o il fallimento di una catena alberghiera. Se hai delle brutte recensioni su quel sito, hai letteralmente chiuso.

Questo significa dare un forte potere agli utenti e quindi le aziende sono costrette a comportarsi bene davvero, a vantaggio di tutti. Chi non si adegua è fuori. Anche il mercato dell'editoria sta vivendo in scenari di questo tipo: le case editrici stanno capendo l'importanza della rivoluzione rappresentata dall'editoria digitale con tutti i suoi vantaggi, a partire dall'abbattimento dei costi.

Ormai da molti anni la Bruno Editore ha scelto la sua nicchia, diventando leader nel mercato degli ebook. Finalmente oggi anche altre case editrici stanno scegliendo di entrare in questo mercato e alcune si sono si rivolte a noi per alcuni progetti editoriali.

Con il tempo l'editoria digitale prenderà il sopravvento su quella cartacea e tutti gli editori dovranno entrare a far parte di questo mercato, se vogliono essere al passo con i tempi.

Anche tu devi essere al passo con i tempi e cogliere ogni opportunità. Quindi, partecipa attivamente al web con la tua azienda. Distribuite materiale gratuito che riguarda il vostro settore, rispondete a coloro che chiedono aiuto. stesso Anche YouTube, che ospita gratuitamente i video e ha un target vastissimo di utenti, può essere un canale utile a perseguire il vostro scopo.

Il web è un vantaggio per qualunque azienda voglia ottenere visibilità e farsi conoscere: sfruttatelo al massimo, create e aggiornate le pagine sui social network, incuriosite il pubblico e fate conoscere la vostra attività. La reputazione online deriva anche da questo.

Per tenerci in costante contatto con il nostro pubblico e per instaurare con esso un rapporto di reciproco scambio, in Bruno Editore utilizziamo il nostro blog www.giacomobruno.it, oltre che le pagine su Facebook.

Utilizziamo questi canali per lanciare delle idee e per capire, attraverso i commenti dei lettori, come migliorarle; comunichiamo le novità alle quali stiamo lavorando, raccogliamo le idee degli utenti rendendoli partecipi delle nostre attività.

Ricordati dell'importanza di comunicare con il tuo target di riferimento, per capirne le esigenze e migliorare costantemente. Infatti più sarai **focalizzato** sul tuo settore, maggiore sarà il successo. Al contrario, se da un giorno all'altro aggiungi prodotti o nuove linee, rischi di creare disorientamento tra i tuoi clienti. Se la tua azienda si è creata un buon posizionamento in una specifica nicchia, allora di certo non puoi cambiarla repentinamente: andare nella direzione diversa da quella di tua competenza significa commettere un errore e non ottenere il successo sperato.

Come ti ho già detto, una volta individuata la tua nicchia, scava ancora, specializzati e lascia che la tua azienda sia la numero 1 del settore. Anche se i tempi cambiano e i mercati evolvono, è bene tenere presente sempre il proprio focus. Torniamo un momento all'esempio di Polaroid e alla sua fotocamera, che a un certo punto è diventata obsoleta. Come ha reagito l'azienda di fronte alle innovazioni tecnologiche? Si è aggiornata, ovviamente, ma non ha mai perso di vista la stampa istantanea, il punto di forza che l'ha resa leader della sua nicchia.

Se il tuo brand è legato a una nicchia non deve uscirne, piuttosto, se si vogliono esplorare nuovi settori di mercato, la strategia da seguire è quella di creare dei sotto-brand, dei marchi separati: in questo modo il marchio originario non viene messo in pericolo e quello di nuova creazione può più facilmente divenire leader della nicchia relativa. Se tu vuoi occuparti di altro, nessun problema:

progetta una nuova azienda, con un nuovo marchio e nuovi prodotti. Questo è il bello di non identificare l'azienda con l'imprenditore. L'azienda è indipendente e porta avanti il suo brand.

La scelta di tagliare ogni estensione di linea dal tuo brand principale è certamente un sacrificio, ma ti assicuro che sul lungo termine è questa la strategia vincente.

SEGRETO n. 21: come imprenditore è meglio creare tante aziende di nicchia, autonome e ben focalizzate, che creare troppi prodotti diversi sotto un unico marchio.

Io stesso ho dovuto tagliare alcuni servizi e prodotti per potermi dedicare solamente agli ebook. Ti assicuro che non è stato facile rinunciare al fatturato derivante dai corsi, dal coaching, dai libri, dalle consulenze. Ma è stato necessario per concentrare tutti gli sforzi sul mio progetto di portare gli ebook nei computer e negli ebook reader di tutti gli italiani. Le mie competenze ruotano attorno alla parola chiave **ebook**, ne sono autore, editore e ne curo un Osservatorio: sono l'esperto della mia nicchia.

Al tempo stesso come imprenditore ho decine di altre aziende, in ambiti completamente diversi: società immobiliari, catene di bar, società di formazione, aziende di summary professionali e così via.

RIEPILOGO DEL CAPITOLO 3:

- SEGRETO n. 13: un vero imprenditore non guarda se un affare gli piace o meno, ma verifica il livello di redditività e di ritorno sull'investimento.

- SEGRETO n. 14: un'azienda il cui brand è completamente indipendente dall'imprenditore ha un valore maggiore sul mercato ed è in grado di portare rendite automatiche più facilmente.

- SEGRETO n. 15: quando progetti la tua impresa, trova una nicchia, anche se piccolissima, che sia solamente tua e in cui la tua azienda possa specializzarsi, raggiungendo i risultati migliori.

- SEGRETO n. 16: per posizionarti sul mercato in maniera unica devi progettare un'azienda che sia associata a una specifica keyword in una relazione biunivoca.

- SEGRETO n. 17: l'imprenditore di successo vuole progettare aziende che siano leader nella propria nicchia, per posizionarle come prime nella mente del pubblico.

- SEGRETO n. 18: il nome del tuo prodotto o della tua azienda deve essere unico, significativo, facile da ricordare, perché è un importante elemento di successo.

- SEGRETO n. 19: per crearti rendite automatiche e rendere indipendente la tua azienda, devi darle un ottimo posizionamento e dimostrare che è la migliore nel suo campo.

- SEGRETO n. 20: il web è una eccellente leva tecnologica per automatizzare le tue rendite e la reputazione online è il valore più importante per il successo di un'azienda.

- SEGRETO n. 21: come imprenditore è meglio creare tante aziende di nicchia, autonome e ben focalizzate, che creare troppi prodotti diversi sotto un unico marchio.

Conclusione

In queste pagine abbiamo visto le 3 figure chiave per creare e progettare imprese che producano redditi automatici senza la tua presenza: tu, il tuo team, la tua azienda.

Te stesso come imprenditore: un imprenditore che non è più un tecnico che decide di aprire un'azienda solo perché è bravo nel suo mestiere; bensì una persona che sa valutare i rischi, che sa come strutturare e organizzare l'azienda, che sa lavorare per procedure e sa gestire e controllare l'azienda anche a distanza con gli indicatori di performance.

Al tempo stesso sa allineare il suo team: l'imprenditore come leader visionario che ispira i suoi collaboratori e li aiuta a realizzare i propri obiettivi insieme a quelli aziendali.

Sa fissare una missione motivante, un'identità forte, dei valori e delle convinzioni sempre potenzianti. Sa formare i suoi collaboratori e sa tirar fuori le loro migliori abilità e capacità. Sa come motivare il team all'azione e ai comportamenti giusti, attraverso procedure scritte chiare e snelle. Sa garantirgli un ambiente di lavoro confortevole, vera base per un lavoro sereno e motivante per tutti.

In questo modo il team è autonomo e all'imprenditore che avvia bene l'impresa spetta solo il controllo degli aspetti più importanti e la parte di ispirazione per i suoi collaboratori.

Un imprenditore cura la sua azienda o le sue aziende più di se

GIACOMO BRUNO – RENDITE DA AZIENDE

stesso. Non è egocentrico, non vuole il suo nome come marchio.

Anzi vuole creare un brand forte per la sua azienda in modo che

possa essere indipendente da lui, come fosse un franchising.

Un'azienda che sappia dimostrare la propria unicità su un mercato

invaso da prodotti di ogni tipo e promesse mai rispettate.

Un'azienda che sia prima nella sua nicchia, forte e riconoscibile, e

che vada avanti nel suo cammino con o senza di lui.

Adesso tocca a te essere questo imprenditore.

Supera tutti i tuoi limiti e inizia subito a progettare le tue prossime

aziende. È il momento di investire sul tuo futuro.

Buona ispirazione!

Giacomo Bruno

www.ingramcontent.com/pod-product-compliance
Lightning Source LLC
Chambersburg PA
CBHW071209200326
41519CB00018B/5438